नरेंद्र भाकुनी की कविताएं

नरेंद्र भाकुनी

XpressPublishing
An imprint of Notion Press

XpressPublishing
An imprint of Notion Press

Old No. 38, New No. 6
McNichols Road, Chetpet
Chennai - 600 031

First Published by Notion Press 2019

ISBN 978-1-64828-215-7

क्रम-सूची

खण्ड 1

"आगाज देख लो कितना है
पानी का पनघट हम बन जाएंगे।
युवा क्रान्ति की ज्वाला हूं
आशिकों का जमघट हम बन जाएंगे।"
_"नरेंद्र भाकुनी"

प्रिय पाठकों मेरा नाम नरेंद्र भाकुनी है। ये कविता युवाओं के के चेतनाओं पर ओत _प्रोत है, इसमें देश की सीमा पर हमारे जवान जो शहीद भी होते है, और उनके रक्त के बलिदान से हम चैन से सोते हैं।

"इसी धरा के युवा कहीं पर
बैठे कहीं पर शीतल छाँव|
प्यारा है मतवाला है
नौबाड़ा का ये सुन्दर गाँव|"

मेरी जन्मभूमि देवभूमि उत्तराखंड के अल्मोड़ा जिले के नौबाड़ा गांव हैं जो कि मंदिरों की नगरी द्वाराहाट के पास है।

"मै राग भी हूं,आगाज भी हूं
कहीं वाद भी हूं, संवाद भी हूं।
हर कृति लताएं कहती है
मै नवयुग का इतिहास भी हूं।"

इस कविता की प्रेरणा मै सर्वप्रथम लक्ष्मण नयाल और अपनी प्यारी बहन रेशमा भाकुनी नयाल को दूंगा जिन्होंने मुझे सदैव सहयोग दिया।

मै अपने विद्यालय कंट्री वाइड पब्लिक स्कूल बागेश्वर के श्रीमती मंजू शर्मा व भावना ऐठानी अपने मित्र संजय कुमार का आभार व्यक्त

करना चाहता हूं जिनके कारण ये प्रेरणा मिली।

"रणजीत विजय आगाज भी हो
तुम सिंह हरण हुंकार भी हो।
कहीं प्रेम सुधा बरसती है
तुम नवयुग का इतिहास भी हो।"

साथ_साथ मै श्री महेश पांडे, श्री मनीष जोशी तथा इस विद्यालय के प्रधानाचार्य श्रीमती आशा तिवारी जी उप प्रधानाचार्य श्रीमती शीला लटवाल जी का आभार व्यक्त करना चाहता हूं।

"आज सुबह का रूप देखकर
उज्जवल रूप बताना।
फिर से किरणें आती है
पहली रश्मि का आना।"

जय युवा

आपका आभारी
नरेंद्र भाकुनी

1

उत्तराखंड की आवाज

उत्तराखंड की आवाज
आज धरा को देखा मैंने
कैसा छाया राग।
सारी सृष्टि से पुलकित होकर
राग बना अनुराग।
आओ मिलकर ये गीत गाए
अपने पहाड़ों में खो से जाएं।
कितना सुंदर ,कितना प्यारा
इतना सुंदर तुम्हें बताएं।
यही छवि का यही कवि है
वसुंधरा पर हुआ उजाला।
प्रेम _भाव से यहीं पर देखो
बन जाऊं मैं मस्त _निराला।
सुंदर से गावों में जाकर देखो
कहीं नजारा यह झिलमिलाए।
मानो कहीं पर यह प्रेम _गंगा
सागर गले से मिलने जाए।
कहीं हिमगिरी मेरा शीश मुकुट
कहीं झन _झन की झंकार है।

यह उत्तराखंड की माया है
जहां प्रकृति का श्रृंगार है।
_"नरेंद्र भाकुनी"

2

भव्य_आश्चर्य

भव्य_आश्चर्य

नवनित्य भरे अरमां तल के
हर बाग में भवरा पुष्प_तले
क्या आश्चर्य_आगोचर सांझ परे
हर पुष्प_लता में कमल खिले।
ये यौवन है मधु कांच भरी
इस कांच में ढक्कन नीलम की।
इस हर्षित_पुलकित सावन में
जैसे भूतल में प्रियतम की।
ये धरती है उन वीरों की
उन वीरों के नित साहस मिले।
जैसे धरती की ज्वाला में
सोना_ कुंदन नित ज्वलंत जले।
ये उत्सव है ,उस उत्सव की
दीपों से मिलकर दीप जले।
मानों रंगो की होली में
सातों रंगो की डोली उठे।
ये भारत है , उस भारत की
ये पूजित रूप में आरत है।

हर सत्यमेव जयते का
हर जीवित रूप महाभारत है।
नरेंद्र भाकुनी

3

पुकारती है पुकारती है

पुकारती है पुकारती है
पुकारती है, पुकारती है
तुम्हें ये धरती पुकारती है।
रुके पलायन कहीं अगर भी
कहीं से आए निहारती है।
भरत की भूमि जन्म यहीं है
ऋषि यहीं पर रमाते धूणी
बना यहीं पर बद्री विशाल
दुनिया ये कहती देवों की भूमि।
आओ कहीं से, आओ कहीं से
कहीं का जीवन संवारती है।
पुकारती है, पुकारती है
तुम्हें ये धरती पुकारती है।
भाई मेरे हो, युवा हमारे,
इस धरती के लाल है।
इस माटी से मांगा मैंने
कण_ कण में महाकाल है।
इन्हीं पहाड़ों की थाल बनकर
भव्य_कलश की ये आरती है।

पुकारती है, पुकारती है
तुम्हें ये धरती पुकारती है।
सुंदर से उत्सव, यहीं दीवाली
कहीं गुलालों में जैसे होली।
सातों सुरों में ये प्रेम_गंगा
मानों कहीं पर सुंदर सी डोली।
अलक कहीं पर, भागीरथी से
इन्हीं पुराणों में तारती है।
पुकारती है, पुकारती है।
तुम्हें ये धरती पुकारती है।
"नरेंद्र भाकुनी"

4

कवि के सुंदर प्रश्न

हवा से पूछा जाकर के मैंने,
कहां से आए, क्या कर रहे हो?
उसी हवा ने बताया मुझको_
सुगंध पुष्पों से ला रहे हैं
बिखरती जाए पुष्पों की चादर
हम आ रहे हैं, हम आ रहे हैं।

जाकर घटाओं से मैंने पूछा_
चमक रही है क्यों दामिनी सी?
उन्हीं घटाओं ने राग छेड़ा,
रिमझिम से सावन बरस रहे हैं।
शुष्की हुई थी धरती तो कब से
"तरस रही थी, तरस रही थी।

हमारी धरती हमें यह कहती
हम हैं धरोहर ,तुम हो सरोवर।
उन्हीं सरोवर में जाकर देखो
सुंदर से पत्तों से मिल रहे हैं।
जोड़ा कमल को कलियों ने सहारा_
"हम खिल रहे हैं हम खिल रहे हैं"

_नरेंद्र भाकुनी

5

युवा_हुंकार

युवा_हुंकार
रणजीत _विजय आगाज़ भी हो
कहीं सिंहराज हुंकार भी हो।
ये झर_ झर झरने कहते हैं
तुम झंकृत की झंकार भी हो।
मै अपने कलम से कहता हूं
तुम युवा_क्रांति आधार बनो।
गीत बनो,संगीत बनो
कहीं कर्म की गीता सार बनो।
इन कृति की गाथा तुमसे है।
इन कृतियों के रचनाकार भी हो।
ये युग_परिवर्तन तुमसे है
हो जाओ सब मस्त_मगन।
अपने पंख को फैलाओ
उड़ जाओ तुम नीलगगन ।
कहीं भाग्य_विधाता आज कहीं
तुम विश्व_विजय अभियान भी हो।
कहीं धीर_वीर, गंभीर बनो
तुम हर प्यासे का नीर बनो।

रणधीर बनो, रणवीर बनो
कहीं पारंगत प्रवीण बनो
उस पतित_पावनी सरिता का
कहीं गंगा की जो धार भी हो
"नरेंद्र भाकुनी"

6

सच्चे युवक की अभिलाषा

सच्चे युवक की अभिलाषा
    काश कहीं पर हम भी होते
तीर_तीर बरसाते ।
युद्ध_भूमि महाराणा बनकर
चेतक में उड़ जाते।
    मानों कहीं पर बैरी सारे
मेरे सन्मुख आते ।
दो धारी तलवार चलाकर
पल भर में कट जाते ।
    मानों कहीं पर सिंहभूमि में
वीरगति को पाता ।
अपनी भूमि का लाज बचाकर
वीरपुत्र कहलाता ।
    हल्दीघाटी मरी नहीं है
मरा नहीं परिंदा है।
युवा सोच की ज्वाला में
प्रताप दिलों में जिंदा है

नरेंद्र भाकुनी

7

युवा हमारे साथ है मैं तख्त पलटने आया हूं

युवा हमारे साथ है मैं तख्त पलटने आया हूं
नफरत की दीवार भुलाकर
ये बतलाने आया हूं।
युवा हमारे साथ हैं
मैं तख्त पलटने आया हूं।
मैं सुंदर अल्फाज से कहता
झर _झर झरने झरते हैं।
सब व्यास दिलों की बुझती है
जो सबको मोहित करते हैं।
मैं नवागत का स्वागत करने
पुष्प बिछाने आया हूं।
युवा हमारे साथ है
मैं तख्त पलटने आया हूं।
मैं सारे विश्व से कहता हूं
कहती अपनी कहानी।

ऐसे नहीं जो हमने पिया है
घाट _घाट का पानी।
ये नदी रूप जो दुनिया है
मैं सागर बनने आया हूं।
युवा हमारे साथ हैं
मैं तख्त पलटने आया हूं।
ये बैर_भाव को छोड़ दो सब
अजातशत्रु के सहारे।
हर प्रेम की गंगा आज बहा दो
कहलाओ मित्र हमारे।
नमन करूं मैं शीश झुका कर
ये संदेशा लाया हूं।
युवा हमारे साथ हैं
मैं तख्त पलटने आया हूं।
_"नरेंद्र भाकुनी"

8

युवा राग

युवा राग
मै राग भी हूं, आगाज भी हूं
कहीं वाद भी हूं, संवाद भी हूं।
कहीं कीर्ति लताएं कहती है
मैं नवयुग का इतिहास भी हूं।
हर ऋषि मुनियों का तेज भी हूं
कहीं पवन देव का वेग भी हूं।
हर सारी सृष्टि मुझमें है
मै निराकार निस्तेज भी हूं।
हर गंगा की जो धार भी हूं
कहीं युद्ध रूप तलवार भी हूं।
कहीं गद्द्धर के उत्साह मैं तो
मैं तीरों में आर पार भी हूं।
तू मुझमें है, मैं तुझमें हूं
मैं प्रेम राग का दीप भी हूं।
कहीं नदी रूप जो सागर में
मैं समन्वय का महाद्वीप भी हूं।
मैं प्रेम सुधा से कहता हूं
तुम नीर बहो जो पावनी का।

हर स्वांस में फूकें प्राण यही
तुम कार्य करो संजीवनी का।
_"नरेंद्र भाकुनी"

9

ये युवा राग की कविता है

ये युवा राग की कविता है
हिमगिरि के उतंग शिखर से
ये गंगा जो सरिता है।
हर प्रेम से पूजित, भव्य कलश की
युवा राग की कविता है।
ये खुले हुवे जो मेघ से कह दो
चमक उठी जो गर्जना है।
ये सात रंग को जो रंग बिखेरे
सुंदर सी जो रचना है।
इन कर्मों की सार से कह दो
ये कर्मवीर की गीता है।
आज देखलो अनुपम झांकी
युवा राग की कविता है।
सात सुरों की यहीं सादगी
घुली हुई रंगोली है।
कहीं दीप से जलकर दीपक जलता
कहीं मानवता की होली है।

उस मंदिर की मूरत बनकर
निश्चल कर्म की पुनीता है।
हर प्रेम से पूजित भव्य_ कलश की
युवा राग की कविता है।
"नरेंद्र भाकुनी"

10

प्रकृति का द्वार रानीखेत

प्रकृति का द्वार रानीखेत
अनुपम कृति, जहां प्रकृति
हैं अनमोल ख़ज़ाना।
और कहां से मै बतलाऊ
रानीखेत में आना।
सुंदरता ने पता नहीं ये
कहां से गाया सारा ।
लगता कहीं आसमान में चमका
चमक उठा ज्यों तरा।
मैंने देखा, तुमनें देखा
देखा कहीं देवालय को।
लगता कहीं पर सबनें देखा
छूलो आज हिमालय को।
प्रकृति का हैं द्वार यहीं पर
जो सबके दिलों में रहता है।
स्वच्छ जहां की मनोरमा हैं
डंके की चोट पर कहता है।

"नरेंद्र भाकुनी"

11

जब जागो तो तभी सवेरा

जब जागो तो तभी सवेरा
    उषा को किरणों ने घेरा
बना लिया जो वहीं पर डेरा।
जाग उठी जो दुनियां सारी
जब जागो तो तभी सवेरा।
    आज धरा को देखो जरा तुम
कितनी सुंदर, कितनी प्यारी।
पौधों के जो पाद हरें है
हर उपवन नन्हीं सी क्यारी।
सभी सुरों को आज जगा दे
जाग उठे जो यौवन तेरा।
जब जागो तो तभी सवेरा।
    निचें से आकाश से लेकर
जाग गई जो दुनियां सारी।
तेरे सुरों की तेरे गीत सब
करती हैं अवलोकन सारी।
आज शंखो की नाद ध्वनि से

जाग उठा जो सावन तेरा।
जब जागो तो तभी सवेरा।
    गंगा की जो लहरों जैसी
उछलउछल सी सुगम उमंगे।
प्रेमभाव से मिलें जो सागर
लेकर आई मधुर उमंगे।
इसी उमंग को आज जगाकर
धाम यहीं पर पावन तेरा।
जब जागो तो तभी सवेरा।
    _"नरेंद्र भाकुनी"

12

रश्मि

रश्मि
आज सुबह का रूप देखकर
उज्ज्वल रूप बताना
फिर से किरणें आती हैं
पहली रश्मि का आना।
डालीडाली, पत्तीपत्ती
फूलों में भी जान
अखिल लोक का सूरज बनकर
फूलों में मुस्कान।
आज उषा की गोद में सोकर
किरण ने डाला डेरा।
रात कहां का कहां खो गया
हो गया नया सवेरा।
ये ना सोचो हार गए तुम
कहीं बादलों का आना।
फिर भी सूर्य निकलता है
पहली रश्मि का आना।
"नरेंद्र भाकुनी"

13

अपने शहीद

अपने शहीद
    आगाज़ देखलो कितना है
पानी का पनघट हम बन जायेंगे।
युवा प्रेमी की ज्वाला हूं
आशिकों का जमघट हम बन जाएंगे।
    अपने दिलों में भी इंतकाम तोलेगा
दिल में जो उबाल हैं
क्रांति का लहु खोलेगा।
अगर शहादत से हम रहें ना रहे
तो मेरे देश का बच्चा_बच्चा भी इन्कलाब बोलेगा।
    अपनी जान से भी ज्यादा तुझे माना था हमनें
तुझे हमनें अपने खून से सींचा था।
तेरे लिए जान हाज़िर रहती थी_
"तू हमारे दिल का बगीचा है।"
    तेरे लिए जो सोचा था हमनें
अपनें मुल्क में रोए थे।
ज़रा हमें भी याद कर लेना यारो_
"हम भी बारूद पर सोए थे।"

हम जा रहें हैं इस जग से
ऐसी फ़रियाद करेंगे।
ऐसे वतन की कीर्ति लहराना यारों_
"जिसे दुनिया वाले भी याद करेंगे।
नरेंद्र भाकुनी

14

मै कामना पृथ्वीराज करूं

मै कामना पृथ्वीराज करूं
मै प्रेम_सुधा का नीर भरूं
मैं खुली हवा से बात करूं।
कहीं राजाओं के राजा है
ने मैं कामना पृथ्वीराज करूं।
कहीं सिंह की भूमि जाग उठी
ये रात जो कोसो भाग उठी।
कहीं अंधेरों में शेर मिला
उन अंधियारी में कमल खिला।
ये दिल्ली मेदनीपुर भी था
यहाँ चमक उठा था जो शूर भी था।
मेरी कलम की दृष्टि दूर थी तो
मेरे पृथ्वीराज का नूर भी था।
कहीं राजपूत, कहीं धनुरप्रवीण
ये महावीर , कहीं प्रेम _आधीन
कहीं मुहम्मद गौरी ढ़ेर हुआ
ये भारतवर्ष का शेर हुआ।

"नरेंद्र भाकुनी"

15

अनमोल बचपन

अनमोल बचपन
    इसी काव्य की धारा लेकर
कैसी है जो संरचना।
इन बच्चों की अखिल कांति की
लिखी है मैंने रचना।
    अखिल लोक का सूरज बनकर
पत्तों में भी जान।
लहराती है , बलखाती है
फूलों में मुस्कान।
    कई जवानियाँ बीत गई हैं
हो गए जब पछ्पन की।
कभी अकेले बैठकर देखो
याद आयेगी बचपन की।
    इस बचपन में खो जाते हैं
गाओ गीत मनोहर।
हम भी गाते, तुम भी गाते
कितने स्वच्छ_सरोवर।
    मेरे कलम के सुंदर पन्ने
अद्भुत साझा करती हैं।

कहीं तो इसकी अनुपम छाया
यादें ताजा करती है।
"नरेंद्र भाकुनी"

16

मेरे आजाद
कुर्बान वतन पे थे
जुबां पर इंकलाब था।
हर कुर्बानी सबके लिए थी
तभी तो मुल्क आबाद था।
मर कर भी अमर रह गए
वो चन्द्र शेखर आजाद था।
आंखों में उग्र_ज्वाला था
झंकृत की झंकार था।
हाथों में बंदूक था
दिलों में अंगार था।
मै भारत मां से कहता हूं
तू माथा चुमनें आए।
मै खुली हवा से कहता हूं।
पुष्प बिखेरने आए।
मै वंदन इसकी करता हूं
ये मेरा स्वाभिमान है।
इस वीर काव्य की कविता गाकर
मेरे कलम को भी गुरूर, अभिमान है।
"नरेंद्र भाकुनी"

17

एक युवा उमंग कवि

एक युवा उमंग कवि
मैं खुले हुवे का पंछी बनकर
नीलगगन में आया हूं।
उमंग नया है साहस का
मैं नये तराने लाया हूं।
लड़ते रहो, तुम झुको नहीं
चलते रहो, तुम थको नहीं।
जीवन में जाने क्या आगे?
बढ़ते रहो, तुम रुको नहीं।
"मै"नवागत का स्वागत करने
पुष्प बिछाने आया हूं।
उमंग नया है साहस का
मैं नए तराने लाया हूं।
ये ना भूलो हार गए तुम
मंजिल कैसे मिलता है?
पर कांटो के ही राह में तो
गुलाब कहीं से खेलता है।
मैं अंबर का बादल बनकर
बरसात कराने आया हूं।

शुष्क हुई थी, धरती को मै
मुक्त कराने आया हूं।
कहीं जीवन में अंधेरा है तो
दीपक कहीं से जलता है।
जहां प्रकृति का उपहार बांटने
सूरज रोज निकलता है।
कहीं अजातशत्रु" मैं" बनकर
यह संदेशा लाया हूं।
इसी धरा का प्रेम_ अलौकिक
मैं मान पढ़ाने आया हूं।
कहीं गूंज उठो तुम कोयल बनकर
मधुर _मधुर से तान भरो।
अरमान बनो, गुणगान करो
कहीं सुर _सरिता का आवाह्न करो।
यही सभी के दिल को जीत गए हम
ये जतलाने आया हूं।
कहीं विश्व_विजय अभियान भी हो
मैं ये बतलाने आया हूं।
_"नरेंद्र भाकुनी"

18

अपने आदर्श

अपने आदर्श
चाहे बंधन कैसे हो
अपने दिलों से जोड़ेंगे।
पृथ्वीराज के प्रेमी है
तीर तो निशाने पर ही छोड़ेंगे।
अपने दिलों की आग है
कैसे भी सुलझाएंगे।
कब तक ये दुश्मन हमें उलझाएंगे।
महा राणा प्रताप के प्रशंसक हैं हम_
“जहां तक भी भागेंगे भाला वहीं तक फेकेंगे”
मारो_ मारो, काटो_काटो
कुछ भी मिलें पर वहीं पर बांटो।
फैली हुई थी आग की लपटें
मार दो दुश्मन अपनें हाथों।
यहीं क्रांति की चिंगारी से आग लगाने आया हूं।
सोए हुए इतिहास के पन्ने
फिर से पलटने आया हूं।
जन_धारा है जनमानस
मै नाम नरेंद्र लेता हूं,

युवा_रूप जो आदर्श हमारे
मै विवेकानन्द को कहता हूं।
नरेंद्र भाकुनी

19

अपनी कविता

अपनी कविता
कभी जुदा है, कभी सजग है
कभी मिलन है, कभी अलग है।
सुंदर से झरने ऊपर से नीचे
उत्तराखंड की भव्य_ झलक है।
हमारी कविता कहीं अगर है
मिलो कहीं पर अपना सा घर है।
युवा जुबां से मैं आज कह दूं
मेरी धरोहर ,अपना डगर है।
इन्हीं पहाड़ों से हमने सीखा
कल_कल सी कहती नदियां बही है।
झर _झर से झरने ऊपर से नीचे
उमंग सारी यही कहीं है।
मेरे युवा है कहीं अगर भी
कहीं से यादें निहारती हैं।
किसी धरा के तुम ही पुत्र हो
धरती माता पुकारती है।
कहीं अगर भी ये रहते हम
यही पलायन रुका नहीं है।

याद तो आती अपनी धरा की
रुला रही है ,रुला रही है।
_"नरेंद्र भाकुनी

20

सच्चे कवि की उड़ान

सच्चे कवि की उड़ान
    आज मेरे इरादों से सैलाब आयेगा
हर जवानी में भी आबाद लिखा जाएगा।
मेरे कलम ने जो लिख दिया_
उससे कवियों की क्रांति का इंकलाब आएगा।
    उस धरती को बताना चाहते हैं
आसमां को जताना चाहते हैं।
जो कुछ भूल गए हैं
उनको भी आजमाना चाहते हैं।
आसमां से कहते हैं हम_
" तेरे आसमां पर भी कवि की उड़ान लिखा जाएगा"
    हवा की तारीफ़ करता हूं
कहीं पर सरीफ रहता हूं।
कहीं पर फूल मिले
अपने पर तहजीब रहता हूं
फूलों से हम कहते हैं_
"तेरे चादर पर भी फूलों का फरमान लिखा जाएगा।"
    नरेंद्र भाकुनी

21

Enter Caption

www.ingramcontent.com/pod-product-compliance
Lightning Source LLC
LaVergne TN
LVHW100407181026
850499LV00037B/636

* 9 7 8 1 6 4 8 2 8 2 1 5 7 *